La energía del calor

por Peggy Bresnick Kendler

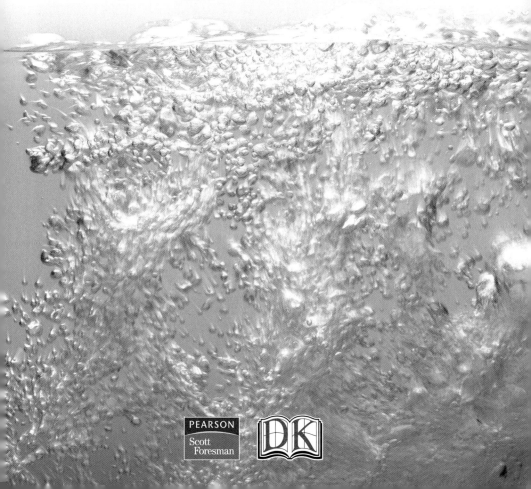

PEARSON
Scott Foresman

DK

Energía en la materia

¿Has frotado un pie descalzo varias veces sobre una alfombra? ¡Generaste calor usando energía! La energía es la capacidad de producir cambios. Es necesaria para que funcionen todas las cosas. Para que algo cambie de cualquier manera, necesita energía. El calor es la energía total de las partículas que se mueven en la materia.

Toda la materia está formada por partículas muy pequeñas. Estas partículas están en movimiento constante, incluso si el objeto que forman no se mueve.

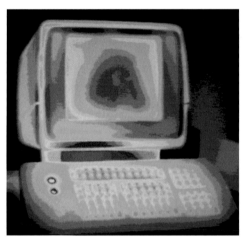
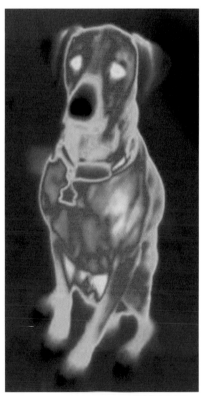

En toda materia hay energía. Estas ilustraciones muestran la energía calorífica en una computadora y un perro. Las zonas rojas y anaranjadas tienen más energía calorífica que las verdes y azules.

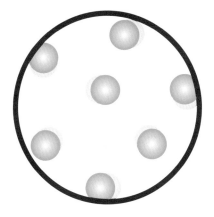

Las partículas en un líquido frío no tienen suficiente energía para moverse rápidamente.

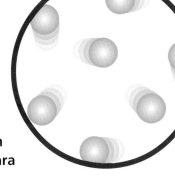

Al calentar un líquido, sus partículas obtienen la energía necesaria para moverse más rápido.

Las partículas que forman un sólido están muy unidas entre sí. Se mueven muy poco. En los líquidos, las partículas están juntas y se mueven libremente unas alrededor de otras. En los gases, las partículas están muy separadas y se mueven en distintas direcciones. Si calientas un objeto, harás que sus partículas se muevan más rápido. Al enfriar los objetos, sus partículas se mueven más despacio. Se necesita energía para hacer más lento el movimiento de sus partículas. Se necesita energía para hacer que las partículas se muevan.

La **energía térmica** es la energía generada por el movimiento de las partículas que componen la materia. Sentimos la energía térmica como calor.

Medir el movimiento de las partículas

La temperatura se mide con termómetros. Muchos termómetros tienen un tubo de vidrio delgado unido a un bulbo. El bulbo contiene alcohol con colorante. Este líquido sube y baja por el tubo según la temperatura de lo que se mide. Hay unas rectas numéricas a ambos lados del tubo. La recta de un lado mide en grados Celsius. La línea del otro lado mide en grados Fahrenheit.

Las partículas en el líquido del termómetro se mueven más rápido si el termómetro hace contacto con materia cuyas partículas se mueven muy rápido. Las partículas en el líquido se separan. Esto hace que el líquido se expanda y suba por el tubo. Cuando el líquido sube en la escala, el termómetro indica una cantidad mayor de grados.

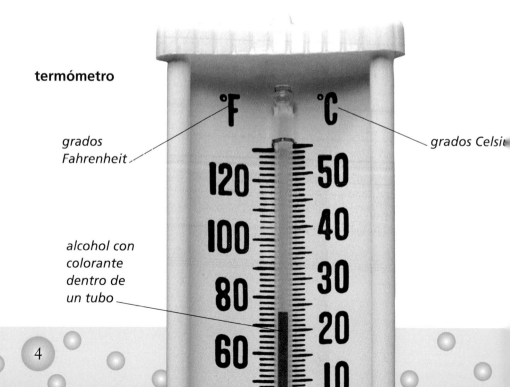

termómetro

grados Fahrenheit

grados Celsi

alcohol con colorante dentro de un tubo

°F 120 100 80 60

°C 50 40 30 20 10

Imagínate que las partículas en la materia que el termómetro toca se mueven más despacio. Entonces el movimiento de las partículas en el líquido del termómetro también se hace más lento. El líquido se contrae y baja en medio de los números de la escala del termómetro. Indica menos grados.

Estos termómetros miden la temperatura del aire. Están en contacto directo con el aire que los rodea.

La temperatura del aire es alta en un día caluroso.

La temperatura del aire es baja en un día frío.

El termómetro tiene que estar en contacto con el material que mide. Si no toca directamente lo que se quiere medir, tal vez no mida correctamente el movimiento de las partículas.

La temperatura y el calor

Las partículas de un objeto se mueven muy rápido en una temperatura alta. Pero la temperatura no te dice la cantidad de calor que tiene el objeto.

El calor y la temperatura son dos cosas distintas. La temperatura indica la medida del movimiento promedio que tienen las partículas de la materia. Indica la energía promedio. La energía térmica es la medida de la energía total que tienen las partículas. Indica tanto la rapidez del movimiento de las partículas como la cantidad de ellas que se están moviendo. El calor es la transferencia de energía térmica de un objeto a otro.

El agua hierve a una temperatura de 100 °C. Una olla grande de agua hirviendo tiene la misma temperatura (100 °C) que una olla pequeña de agua hirviendo.

El agua en la olla grande tiene más energía térmica que el agua en la olla pequeña porque tiene más partículas de agua.

Los cubos de hielo tienen menos energía térmica que un iceberg porque son más pequeños.

Imagina un iceberg y un cubo de hielo. El iceberg contiene más agua que el cubo de hielo. Por lo tanto, tiene más partículas de agua. Hay más energía de movimiento porque hay más partículas. Esto significa que el iceberg tiene más energía térmica. Sin embargo, la temperatura de ambos objetos es la misma, porque el agua en ambos objetos está congelada. La cantidad de movimiento promedio de las partículas de agua también es la misma. Esto demuestra que el tamaño del cubo de hielo no afecta la temperatura.

El movimiento del calor

La energía térmica se mueve de un objeto caliente a otro frío. La transferencia de energía térmica entre objetos con temperaturas distintas se llama calor. Cualquier cosa que libere energía que las partículas de materia pueden absorber se llama fuente de energía.

La conducción

¿Recuerdas cuando frotaste tus pies sobre la alfombra? Generaste calor usando energía mecánica. La energía calorífica se mueve por conducción cuando dos sólidos están en contacto directo. La **conducción** es la transferencia de energía calorífica que ocurre cuando un objeto toca otro.

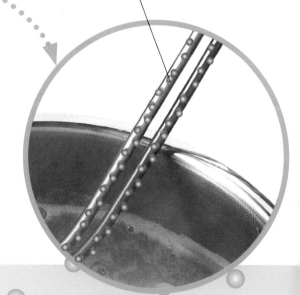

Las partículas calientes chocan con las partículas más frías y transfieren calor.

La cuchara metálica en la olla de agua hirviendo conduce calor a través de su mango.

¿Alguna vez has puesto la tapa a una olla llena de agua hirviendo? ¿Observaste lo que sucedió? ¡La tapa fría se calienta! Las partículas en la tapa que entran en contacto directo con la olla caliente empiezan a moverse más rápido. Estas partículas de rápido movimiento chocan con las partículas en las partes de la tapa que no están tocando la olla caliente. La energía calorífica de la olla empieza a circular por toda la tapa. En poco tiempo la tapa y la olla tienen la misma temperatura. Sabemos que es así porque toda la tapa está caliente.

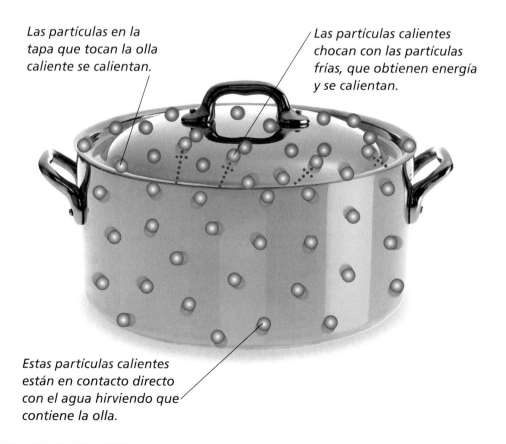

Las partículas en la tapa que tocan la olla caliente se calientan.

Las partículas calientes chocan con las partículas frías, que obtienen energía y se calientan.

Estas partículas calientes están en contacto directo con el agua hirviendo que contiene la olla.

Aislantes y conductores

El calor atraviesa ciertos materiales con más facilidad que otros. Un **conductor** es un material que el calor atraviesa fácilmente. Muchos metales, como el hierro, el aluminio y el estaño son buenos conductores. El calor pasa fácilmente a través de ellos. Si pones una bandeja metálica en el horno, se calienta rapidísimo.

La madera no es un buen conductor. Como el calor no la atraviesa fácilmente, la consideran aislante. Un **aislante** es un material que limita la cantidad de calor que lo atraviesa. Muchos utensilios de cocina tienen mango de madera. Son así para que no se calienten mucho y poder tocarlos con las manos descubiertas.

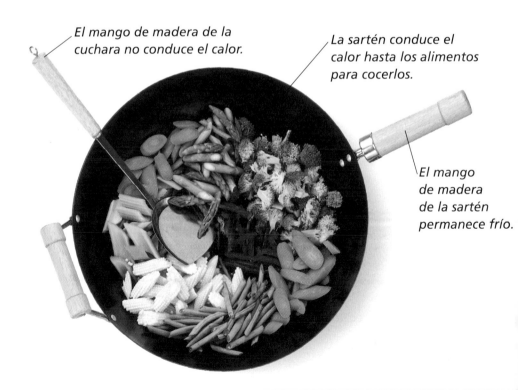

El mango de madera de la cuchara no conduce el calor.

La sartén conduce el calor hasta los alimentos para cocerlos.

El mango de madera de la sartén permanece frío.

El mármol lo usaban en épocas antiguas para hacer construcciones y monumentos. El mármol es fuerte y hermoso. Puede resistir los incendios y la erosión sin sufrir mucho daño. El mármol es un aislante. Eso lo hace un excelente material de construcción. Puede mantener las construcciones calientes o frías.

El plástico es otro aislante. Pero por sí solo no sirve para mantener la temperatura. El plástico tiene bolsitas de aire, que también es un aislante. Juntos, el plástico y el aire que forman un recipiente permiten que los alimentos y las bebidas conserven su temperatura, mientras que la temperatura del recipiente no cambia.

templo de la antigua Grecia hecho de mármol

Estos champiñones refrigerados se mantienen frescos, aislados por el recipiente plástico y el aire en su interior.

La convección

Los radiadores calientan el aire. La convección hace circular el aire caliente del radiador por toda la habitación. La convección es el proceso por el cual un fluido se mueve de un lugar a otro. Un fluido es una sustancia que fluye sin forma definida. Los gases y líquidos son fluidos.

Una **corriente de convección** es un patrón en el que fluye la energía calorífica. El aire caliente que sube y el aire frío que baja forman una corriente de convección. El aire caliente del suelo se expande y sube hacia el cielo. Al mismo tiempo, el aire frío cae y causa una corriente de convección. Este aire frío entonces se calienta y es empujado hacia arriba, entonces el patrón vuelve a repetirse. El agua hirviendo en una olla es otro ejemplo de una corriente de convección.

Fíjate en el tanque de agua de la siguiente página. El colorante nos permite ver la corriente de convección. La fuente de calor calienta el agua, que se mezcla con el colorante. El agua caliente sube porque es menos densa que el agua fría. A medida que se aleja de la fuente de calor, se enfría y cae al fondo del tanque. Entonces regresa otra vez a la fuente de calor que la hará subir de nuevo.

Una corriente de convección hace hervir el agua de la olla.

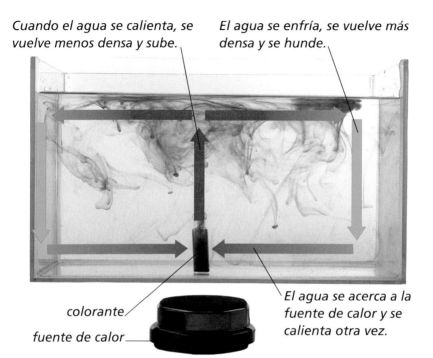

Cuando el agua se calienta, se vuelve menos densa y sube.

El agua se enfría, se vuelve más densa y se hunde.

El agua se acerca a la fuente de calor y se calienta otra vez.

colorante

fuente de calor

El colorante en el agua muestra cómo se mueve la corriente de convección.

Las corrientes de convección más grandes son las que forman los estados del tiempo. Durante el día, el aire que está sobre la tierra se calienta y sube. El aire frío que viene de la superficie del agua se coloca debajo y ocupa su lugar. Durante la noche, como el agua es más cálida que la tierra, se invierten las corrientes de convección.

El aire caliente sube de la tierra.

El aire se enfría y baja sobre el mar.

El aire pasa a ocupar el espacio dejado por el aire que sube de la tierra.

La radiación

La **radiación** es energía emitida en forma de ondas. No es necesario que haya ningún tipo de contacto entre la fuente de energía y el objeto calentado. No depende de corrientes. La radiación viaja en línea recta desde una fuente hasta un objeto. Puede moverse por el aire, vidrio e incluso por un espacio vacío. Un objeto, aunque esté al otro lado de una ventana, puede recibir calor de la radiación.

El Sol es una fuente poderosa de radiación. Nos da energía en forma de luz.

La conducción, la convección y la radiación

Imagínate un automóvil que ha estado a la intemperie en un día soleado. ¡Quizás veas tres tipos de transferencia de calor en pleno funcionamiento!

La radiación del Sol calienta el techo y la tapa del motor del automóvil. Si tocas alguna de estas partes, recibes el calor por conducción. El calor también pasa a través del vidrio de las ventanas y el parabrisas al interior del automóvil por radiación. Si estuvieras dentro del auto, notarías que el aire cerca del techo se pondría muy caliente, mientras que el aire cerca del piso estaría más fresco. Esto se debe a la convección.

Has aprendido cómo se calientan varios objetos y materiales. Ahora sabes que el calor es el movimiento de energía térmica. ¡La energía térmica está siempre en movimiento a tu alrededor!

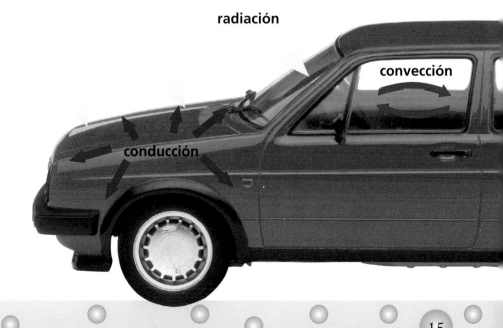

radiación

convección

conducción

Glosario

aislante   material que limita la cantidad de calor que lo atraviesa

conducción   transferencia de energía calorífica que ocurre cuando un objeto toca otro

conductor   material que el calor atraviesa fácilmente

corriente de convección   patrón del movimiento de la energía calorífica

energía térmica   energía generada por el movimiento de las partículas que componen la materia

radiación   energía emitida en ondas que puede calentar un objeto sin tocarlo